Puedes consultar nuestro catálogo en www.picarona.net

Los Octonautas y el mar de las Sombbras
Texto e ilustraciones: *Meomi*

1.ª edición: enero de 2023

Título original: *The Octonauts & the Sea of Shade*

Traducción: *Júlia Gumà*
Maquetación: *El Taller del Llibre, S. L.*
Corrección: *Sara Moreno*

© 2007, Meomi Design Inc. (Vicki Wong & Michael C. Murphy)
Original en inglés publicado por Immedium, USA (www.immedium.com)
Acuerdo a través de DropCap Inc.
(Reservados todos los derechos)

© 2023, Ediciones Obelisco, S. L.
www.edicionesobelisco.com
(Reservados los derechos para la lengua española)

Edita: Picarona, sello infantil de Ediciones Obelisco, S. L.
Collita, 23-25. Pol. Ind. Molí de la Bastida
08191 Rubí - Barcelona - España
Tel. 93 309 85 25
E-mail: picarona@picarona.net

ISBN: 978-84-9145-629-2
Depósito Legal: B-21.045-2022

Impreso en SAGRAFIC
Passatge Carsí, 6 - 08025, Barcelona

Printed in Spain

Reservados todos los derechos. Ninguna parte de esta publicación, incluido el diseño de la cubierta, puede ser reproducida, almacenada, transmitida o utilizada en manera alguna por ningún medio, ya sea electrónico, químico, mecánico, óptico, de grabación o electrográfico, sin el previo consentimiento por escrito del editor. Dirígete a CEDRO (Centro Español de Derechos Reprográficos, www.cedro.org) si necesitas fotocopiar o escanear algún fragmento de esta obra.

Sed amables con las Sombras, por favor.

• MEOMI •

LOS OCTONAUTAS

y el mar de las Sombras

Era una tarde tranquila bajo el profundo mar verde cuando...

Los Octonautas se apresuraron a bajar al Octomódulo y encontraron a Tweak ¡presa del

pánico!

—¡Ha ocurrido algo terrible! Estaba durmiendo la siesta debajo mi árbol favorito cuando ¡la sombra que me mantenía fresca desapareció!

La tripulación miró a los alrededores, fuera, dentro, arriba y abajo. En efecto, ¡las sombras habían desaparecido completamente!

—¡Alguna cosa debe de ir mal en el mar de las Sombras! –exclamó el profesor Ideas, mientras seleccionaba, con cuidado, un gran libro de la estantería–. Según la *Guía de lugares misteriosos,* este reino oculto está gobernado por el gran rey de las Sombras, que gobierna las sombras del mundo. Octonautas, ¡debéis ir a hablar con el rey y descubrir qué está pasando!

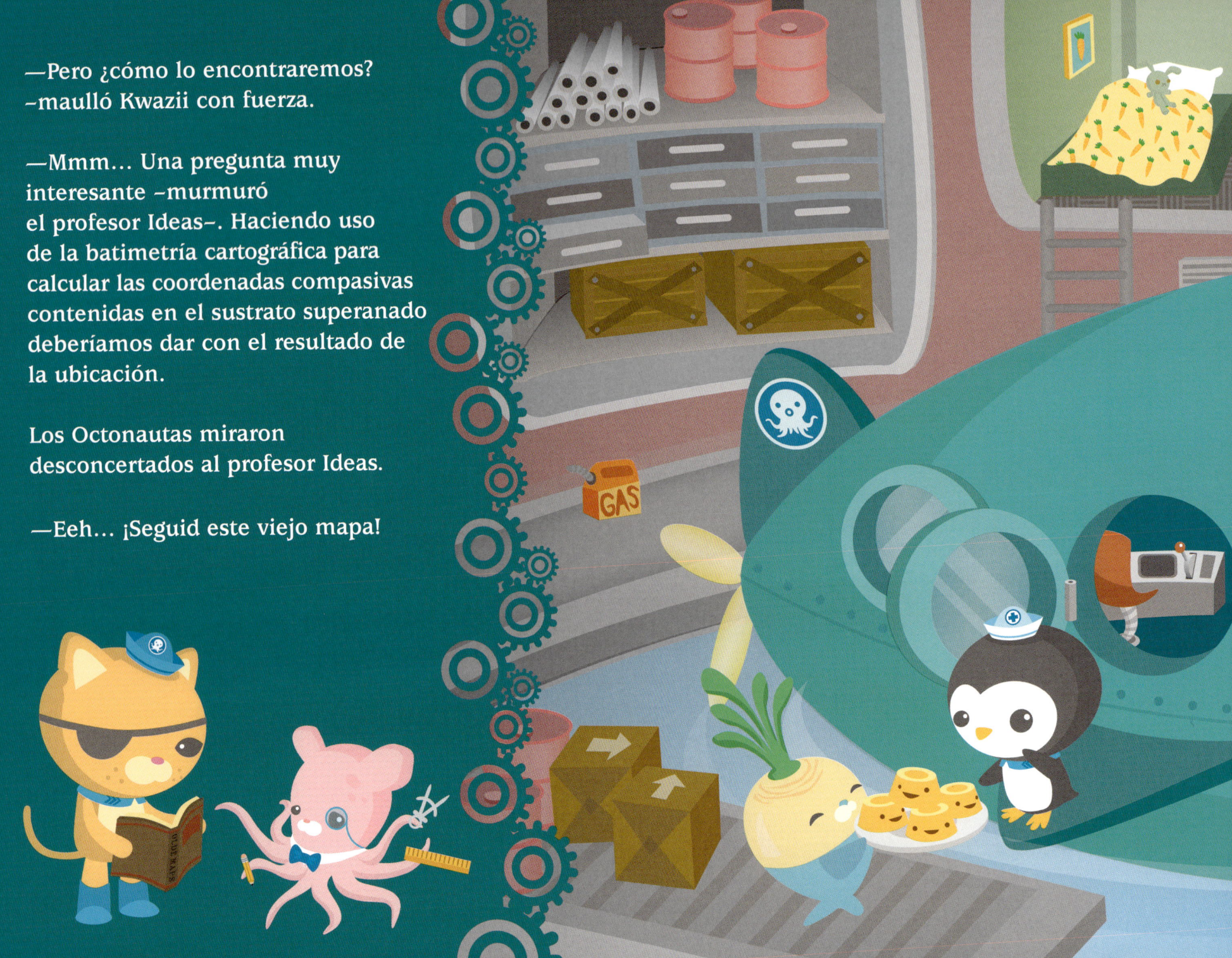

—Pero ¿cómo lo encontraremos? -maulló Kwazii con fuerza.

—Mmm... Una pregunta muy interesante –murmuró el profesor Ideas–. Haciendo uso de la batimetría cartográfica para calcular las coordenadas compasivas contenidas en el sustrato superanado deberíamos dar con el resultado de la ubicación.

Los Octonautas miraron desconcertados al profesor Ideas.

—Eeh... ¡Seguid este viejo mapa!

—¡Preparaos para el lanzamiento! —gritó Dashi por los altavoces.

Los Octonautas empacaron sus provisiones para el largo viaje que les esperaba. Víctor preparó a la tripulación una nueva tanda de galletas de percebes para comer durante el camino.

Con cuidado se sumergieron en la grieta más oscura del océano, saludando a las amistosas algas y deslizándose entre los tiburones dormidos, hasta llegar a la entrada de las cuevas de los Adefesios.

Finalmente, una estalactita amistosa señaló el camino de salida.

Tras su rocambolesca experiencia, los Octonautas salieron a la superficie en un mundo gris.

—¿Es esto el mar de las Sombras? –preguntó asustado Pepe.

El mundo tenía un aspecto muy sombrío, y la tripulación notó que las sombras se escondían detrás de las plantas y acechaban en los rincones. Parecían tristes y asustadas.

—¡Este sitio necesita animarse! –declaró Polar, a la vez que sacaba su acordeón y empezaba a tocar una alegre melodía.

Bajo el cálido resplandor de los rayos del barco, las flores florecieron y las hojas se tiñeron de maravillosos colores.
Las sombras, curiosas, salieron lentamente a observar qué pasaba.

Las luces y la música recordaron a las sombras que había muchísimas cosas para ver y hacer en el mundo exterior.

Siguieron contentas a los Octonautas, mientras se adentraban en el mar.

Finalmente, los Octonautas se encontraron con una enorme espesura de ramas negras y espinosas que se enredaban en todas direcciones.

—El rey de las Sombras vive al otro lado de este bosque de Zarzas, pero no hay manera de que nuestro barco atraviese el matorral…, y los monstruos que habitan dentro no parecen muy simpáticos –concluyó con tristeza Tweak.

Queriendo ayudar, las sombras juntaron sus pensamientos sombríos.
¡Podrían fusionarse y formar una nave para transportar a los Octonautas!

—Sólo las sombras pueden atravesar el bosque sombrío –comentó Polar agradecido.
Los Octonatuas embarcaron rápidamente y, para el alivio de todos, se deslizaron
en el matorral con facilidad.

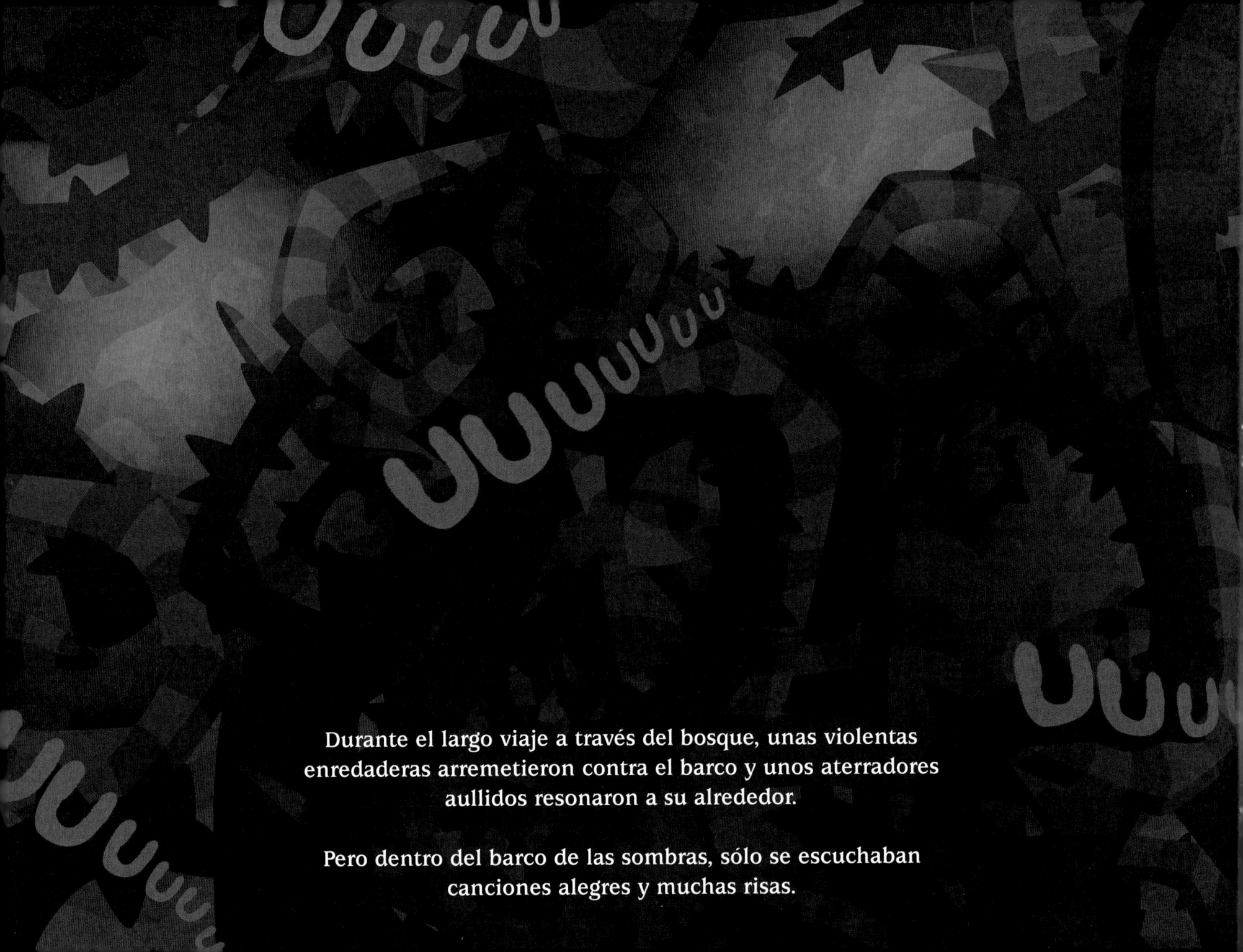

Durante el largo viaje a través del bosque, unas violentas enredaderas arremetieron contra el barco y unos aterradores aullidos resonaron a su alrededor.

Pero dentro del barco de las sombras, sólo se escuchaban canciones alegres y muchas risas.

Cuando la tripulación llegó al final del bosque de Zarzas, pudieron ver el siniestro castillo de las Sombras, que se vislumbraba en la distancia con un enorme guardia de palacio custodiando la puerta.

El rey de las Sombras odiaba ser molestado por extraños y frunció el ceño cuando los Octonautas fueron escoltados al Gran Salón. El capitán Polar se quitó el sombrero e hizo una gran reverencia.

—Majestad. Echamos mucho de menos a nuestras sombras… ¿Por qué se han ido?

El rey puso mala cara.
—Durante siglos, he observado por mi sombrascopio cómo las sombras han sido pisadas e ignoradas. No es fácil seguir a alguien todo el día, pero nunca nos dan las gracias. ¡A algunas personas incluso les da miedo su propia sombra!

Todo el mundo estaría más feliz si nosotros viviéramos en nuestro propio mundo. Por ese motivo, he llamado a todos mis súbditos para que volvieran a casa, al mar de las Sombras.

—Mirad de nuevo, por favor –pidió Pepe–. Todo el mundo está muy triste sin ninguna sombra. Hemos aprendido lo importante que son las sombras. Por favor, majestad, ¡deje que vuelvan!

El rey de las Sombras miró por su sombrascopio a regañadientes, y se sorprendió por lo que vio.

Se volvió a su corte sólo para ver caras largas mirándole fijamente. Las sombras también habían echado de menos a sus amigos del exterior.

—De acuerdo..., podéis volver todos... –declaró el rey–. Si los Octonautas aceptan ser nuestros embajadores de las Sombras y ayudarnos a recordarle a todo el mundo que ¡deben apreciar a su sombra!

—¡Muchas gracias, majestad! –dijo Polar aceptando su nuevo cargo con orgullo.

¡Lo haremos lo mejor que podamos!

Esa noche todo el mundo disfrutó de una enorme fiesta para celebrar ¡el Primer Día de Aprecio de las Sombras!

FIN

LOS OCTONAUTAS

EL CAPITÁN POLAR

El capitán Polar es un valiente oso polar extraordinario y el líder de la tripulación de los Octonautas. Siempre es el primero en ir corriendo a ayudar a alguien cuando hay un problema. Además de ser un aventurero, Polar disfruta tocando su acordeón y escribiendo en su diario de capitán.

EL PINGÜINO PEPE

Pepe es el médico del equipo. Es un experto en hacer vendajes y siempre lleva encima su kit de médico en caso de emergencias. No le gustan demasiado las cosas que dan miedo, pero si hay alguna criatura herida o en peligro, ¡Pepe puede ser el octonauta más valiente!

LA CONEJITA TWEAK

Tweak es la ingeniera del Octomódulo. Mantiene todo funcionando en la bahía de lanzamiento y mantiene los submarinos de los Octonautas: de GUP-A a GUP-E. A Tweak le gusta todo tipo de máquinas y disfruta jugando con artilugios extraños que a veces reaccionan de maneras inesperadas.

EL DOCTOR SHELLINGTON

El Dr. Shellington es una nutria marina, científico y empollón, al que le encanta hacer investigación de campo y trabajar en su laboratorio. Se distrae fácilmente con plantas y animales raros, pero su conocimiento del océano es de gran ayuda en las misiones de los Octonautas.

EL GATITO KWAZII

Kwazii es un gatito naranja temerario con un misterioso pasado pirata. Adora la emoción y viajar a lugares exóticos. Sus pasatiempos favoritos incluyen darse largos baños, hacer carreras con el GUP y las peleas de espadachines.

LA PERRITA DASHI

Dashi es una dulce perra salchicha que supervisa las operaciones en el cuartel general del Octomódulo y la Octoescotilla. Supervisa los ordenadores y gestiona todo el tráfico de barcos. También es la fotógrafa oficial de los Octonautas y disfruta sacando fotos de la vida marina.

EL PROFESOR IDEAS

El profesor Ideas es un brillante pulpo oceanógrafo. Fundó los Octonautas con la intención de fomentar la investigación y la conservación del fondo marino. Debido a su delicado y gran cerebro, prefiere ayudar al equipo desde su biblioteca en el Octomódulo.

VÍCTOR EL VEGIMAL

Víctor es uno de los muchos vegimales, una criatura marina especial que es parte vegetal y parte animal, que ayudan en el Octomódulo. Hablan su propio lenguaje que sólo el Dr. Shellington puede entender (¡a veces!). Los vegimales adoran hornear pasteles de algas, galletas de algas, suflés de algas…